LE GRAND

JUBILÉ UNIVERSEL

DE LA

RÉNOVATION FRANÇAISE

RÉORGANISATION GÉNÉRALE

DES INTÉRÊTS PUBLICS DE PARIS ET DE LA FRANCE, LIBÉRATION
COMPLÈTE DE LA PATRIE

PAR

UN HOMME DU PEUPLE

J.-J. B.

PRIX : 50 CENTIMES

PARIS

Chez tous les Libraires

DÉPOT CENTRAL DE VENTE

A. LÉVY, 16, RUE DU CROISSANT

1872

LE

GRAND JUBILÉ UNIVERSEL

DE LA

RÉNOVATION FRANÇAISE

———

Réorganisaton générale

des intérêts publics de Paris et de la France

Libération complète de la Patrie

———

AU PEUPLE FRANÇAIS,

Jusqu'à maintenant, le Peuple, toujours trompé dans sa confiance, n'a jamais pu faire prévaloir franchement l'expression de sa volonté. C'est ainsi qu'après son premier réveil de 1789, malgré lui et à son insu, il s'est vu entraîner graduellement, de chute en chute, dans le profond abîme que ses oppresseurs lui ont creusé, et dans lequel ils s'apprêtent à l'ensevelir, s'il ne saisit promptement d'une main ferme et vigoureuse l'instrument de sa délivrance et de son salut.

Cet instrument, qui doit assurer son triomphe et marquer l'ère glorieuse de son avènement prochain, c'est le JUBILÉ UNIVERSEL DE LA RÉNOVATION FRANÇAISE, résumé dans ces mots :

Libération de la France, et liquidation générale de tous les intérêts anciens, pour recommencer toutes choses sur des bases entièrement nouvelles.

Là est véritablement le salut du Peuple et celui de la Nation.

Car le mal est devenu trop grand, et les moyens ordinaires, impuissants à le conjurer, ne peuvent plus en arrêter les ravages.

Il faut donc, sans tarder, que le Peuple adopte le Jubilé universel, comme un programme national commun à toute la France, et qu'il en impose la proclamation immédiate à ses représentants, sous peine d'abdiquer ses droits et de périr tout entier, comme homme et comme citoyen.

Paris, 21 janvier 1872.

PROGRAMME NATIONAL

POUR

LA NOUVELLE ASSEMBLÉE CONSTITUANTE

Libération de la France. — Principes supérieurs

Dans l'état actuel de ruine et de désastre où la guerre étrangère et la guerre civile ont réduit Paris et toute la France, le seul moyen de relever le pays d'une manière sérieuse, prompte et réellement efficace, est celui-ci :

Selon les principes supérieurs d'humanité et de véritable justice, tous les citoyens doivent être solidaires des malheurs dont personne n'est cause individuellement, tous doivent donc travailler à les réparer, chacun selon son pouvoir, afin que ceux qui ont été épargnés viennent en aide à ceux qui ont tout perdu.

Moyens pratiques. — Part contributive de la propriété

Pour accomplir cette œuvre immense de salut public et atteindre le résultat désiré aussi promptement que possible, il est nécessaire que, pour un temps et d'une manière provisoire, toutes les propriétés foncières et immobilières, sans aucune exception, soient réunies aux domaines des communes dont elles font partie, et que la moitié au moins de leurs revenus soit centralisée dans les caisses de l'Etat, par l'intermédiaire des municipalités, pour être employée, dans l'intérêt de tous, à la réparation des maux de la guerre et à l'entière délivrance du pays. L'autre moitié sera laissée aux propriétaires en rémunération de leur sacrifice momentané ; mais, pendant tout ce temps, ils seront considérés comme locataires ou comme gérants de leurs immeubles, ce qui, d'ailleurs, sera la meilleure garantie de leur bon entretien.

Toutefois, cette réunion temporaire des propriétés particulières aux domaines des communes sera plutôt nominale qu'effective, et, conservant aux propriétaires tous leurs autres droits compatibles avec l'intérêt supérieur de la nation, elle ne s'étendra pas au-delà du service général des locations et de la perception des loyers, considéré comme service public pendant un temps déterminé. Son

objet principal sera d'éviter les contestations, les fraudes et les abus
que les esprits récalcitrants ou de mauvaise foi, indifférents aux
malheurs de la Patrie et sans pitié pour les misères publiques,
emploient presque toujours en pareille circonstance, pour se soustraire
aux devoirs sociaux et aux charges qui doivent incomber à tous, selon
les moyens de chacun.

Chemins de fer et grandes industries

Il en sera de même de toutes les grandes industries d'intérêt
public, et principalement des chemins de fer, dont l'exploitation nationale, jointe à la part contributive de la propriété, produira en peu
de temps des ressources suffisantes pour délivrer entièrement le pays
de l'invasion étrangère, et réparer, dans la mesure du possible, tous
les désastres qui en ont été la conséquence. Et, cela, sans acception
de personne, mais absolument comme si le territoire français était le
patrimoine indivisible d'une seule et même famille, la grande famille
française, et dont tous les citoyens seraient membres au même titre,
ayant chacun les mêmes droits à faire valoir et les mêmes devoirs à
remplir les uns à l'égard des autres.

Loyers et Fermages

En même temps, les loyers et les fermages, de même que la rente
sur l'Etat, seront réduits de moitié. De sorte que, ce qui était loué,
affermé ou payé en rente cent francs, sera réduit à cinquante francs,
ce qui l'était à deux cents francs sera réduit à cent francs, et ce qui
l'était à mille francs sera réduit à cinq cents francs.

Commerce et Échanges

D'autre part, le commerce et les échanges seront entièrement libres
de toute taxe et de toute entrave, en tant qu'ils n'auront rien de contraire à la morale ni à l'ordre public, ce qui abaissera les prix de
toutes choses et rendra l'existence accessible à toutes les positions.

Mobilier des Locataires

Dès ce jour aussi, le mobilier des locataires, les effets des voya-
geurs et des personnes logeant à l'hôtel ou en garni, et en général
tous les instruments de travail agricole, industriel ou autres, seront
et demeureront insaisissables.

Monts-de-Piété

Les monts-de-piété seront abolis, et tous les objets engagés seront rendus à ceux qui s'en étaient dessaisis. Dans la répartition des sacrifices généraux imposés au Pays par les événements actuels, les administrations de ces établissements feront l'abandon de la moitié des sommes avancées par elles, et l'autre moitié leur sera remboursée par l'Etat.

Désormais, tous les citoyens seront protégés par leur municipalité et trouveront auprès d'elle, à titre d'avance sur leur travail s'ils sont valides, et gratuitement dans le cas contraire, tous les secours que la misère, la maladie ou un besoin pressant peuvent réclamer de leur situation, sans exiger l'engagement d'aucun objet en garantie, ainsi que cela doit être dans une société chrétiennement organisée.

Grands Établissements financiers nationaux

Pour développer les instruments du travail et donner une grande extension à toutes les branches de l'activité sociale, il sera fondé quatre grands établissements financiers nationaux au même titre que celui de la Banque de France, qui en fera partie. Il y aura l'établissement du *Crédit social*, celui du *Crédit foncier*, celui du *Crédit industriel* et celui du *Crédit commercial*. Ce dernier sera confondu avec la Banque de France, dont il sera le complément.

Chacun de ces quatre établissements financiers aura ses attributions particulières : celui du Crédit social aura les Caisses d'épargne et s'occupera des intérêts touchant directement aux personnes, entre autres de l'instruction, de l'enseignement professionnel, des apprentissages, du placement des travailleurs, en un mot de tous les intérêts qui se rattachent aux individus socialement parlant, afin de favoriser autant que possible l'amélioration morale et physique de la famille humaine dans ses différentes conditions d'existence.

L'administration du Crédit foncier aura dans ses attributions principales l'amélioration du sol, et tout ce qui se rattache plus particulièrement aux intérêts de l'agriculture. Celle du Crédit industriel comprendra de même tout ce qui a rapport aux différentes branches de l'industrie, même celles qui se rattachent aux arts et aux sciences, considérées au point de vue de la production, pour en seconder et perfectionner les éléments divers. Et celle du Crédit commercial s'étendra, de son côté, à toutes les ramifications du commerce, pour favoriser la circulation et l'échange des produits de toute nature, et en rendre l'acquisition facile aux consommateurs

Enfin, chacun de ces établissements nationaux aura la faculté d'émettre son papier-monnaie, limité aux besoins à desservir, au même titre que la Banque de France, et sera dirigé par une chambre représentative des intérêts publics, agissant en pleine liberté dans les limites de ses attributions.

Refonte de tous les impôts

Tous les impôts existants seront supprimés et remplacés par une taxe unique sur le revenu. Cette taxe sera destinée, d'une part, aux services généraux de l'administration publique et, de l'autre, à la réparation de toutes les pertes matérielles, de force majeure, dûment constatées, que les contribuables viendraient à éprouver dans leur propriété. Un service particulier sera établi à cet effet dans l'administration, qui sera ainsi l'organe d'une assurance universelle contre les risques et périls d'ordre matériel à l'égard de tous les citoyens. En sorte que cette taxe, étant tout à la fois un impôt et une prime d'assurance, le montant doit en être réglé, en même temps, sur les besoins du service administratif et sur les sinistres généraux et particuliers qui, dès lors, seront tous considérés comme sinistres publics.

L'impôt de rédemption et l'armée des travaux publics

A côté de l'impôt unique sur le revenu, établi pour les services ordinaires du gouvernement, il sera créé un nouvel impôt, qui sera spécialement destiné aux services extraordinaires. Cet impôt, tout personnel, appelé Impôt de rédemption, sera de cinq centimes par tête et par jour, et payable par semaine. D'un côté, il tiendra lieu de prime d'assurance contre le chômage, la misère et les maladies, et, de l'autre, il servira à l'entretien d'une armée des travaux publics, et à la fondation de l'ordre nouveau.

Abolition de la conscription

D'un autre côté, l'armée de guerre permanente sera licenciée et la conscription abolie. Tous les citoyens seront soldats au même titre. et il n'y aura plus aucun privilége ni deux camps opposés dans l'ordre social.

. . . .

. . . .

. . . .

. . . .
. . . .
. . . .

Et, alors, on a vu des choses si épouvantables, que le souvenir en restera gravé éternellement dans l'esprit des générations.

Tel est le fruit de la division établie entre les différentes classes de la société, entre le monde civil et le monde militaire, qu'un gouvernement despotique a seul intérêt à conserver. Mais avec l'abolition de la conscription et une seule armée nationale, ces luttes intestines d'un caractère si haineux et si sauvage ne pourront plus se reproduire et les guerres civiles ne seront plus possibles.

Sous le rapport de l'armement général, l'armée des travaux publics sera seule permanente, et, en cas de guerre, elle constituera le génie instruit et tout formé de la grande armée nationale.

Les deux étendards de la France nouvelle

Quant aux insignes nationaux, la France nouvelle aura deux drapeaux : le drapeau rouge et le drapeau bleu, l'étendard de la guerre et l'étendard de la paix. Le drapeau rouge ne sera arboré qu'en temps de guerre et de lutte armée. Sa hampe aura la forme d'une lance et sera surmontée d'une banderolle bleue, pour indiquer que la guerre entreprise par une douloureuse nécessité, n'a d'autre but que le maintien ou le rétablissement de la paix. Ce drapeau n'étant déployé qu'en temps ne guerre, sa vue imprimera dans l'esprit des populations un grand caractère d'énergie et d'unité qui doublera les forces morales de la lutte et de la défense.

Le drapeau bleu, emblême du travail et de la paix, rappelant tout à la fois la blouse du travailleur et la sérénité du firmament, sera seul arboré d'une manière permanente en temps de paix. Il ne sera retiré qu'en temps de guerre nationale. Sa hampe aura la forme d'un flambeau, et sera surmontée d'une banderolle rouge, pour indiquer que la Nation, loin de se résigner à une fausse paix, par amour du repos, est toujours prête à verser son sang pour la cause de la justice et de l'humanité.

L'étendard de la paix aura pour emblême un soleil entouré de six étoiles principales, reliées entre elles par un cercle de vingt-quatre étoiles moins grandes, et sur lesquelles les premières seront adossées comme les larges dentelures d'une roue d'engrenage. Immédiatement au-dessus de cet emblême, il y aura une croix avec rayons, un peu plus grande que l'une des six principales étoiles, et le tout se détachera en blanc d'une ma   re, u   rme sur le fond azuré de l'étoffe au milieu de l'étend

Cet emblême est le symbole de l'ordre nouveau qui règnera un jour sur tous les peuples de la terre ; le soleil figure le centre du monde, la lumière de l'univers et le foyer rayonnant de l'esprit humain, les six grandes étoiles représentent les six principales parties du monde selon la nouvelle division géographique du globe, et les vingt-quatre étoiles moins grandes, groupées en cercle autour du soleil, désignent les vingt-quatre provinces de la future confédération universelle. Enfin, la croix, qui domine le tout, figure la rédemption des peuples et de l'humanité, comme l'expression glorifiée du plus grand des sacrifices qu'une Nation puisse accomplir, celui de donner son sang et la vie de ses enfants pour le triomphe de la justice et de la vérité.

L'insigne de la Légion humanitaire

L'ordre de la Légion d'honneur, tombé en discrédit par l'abus et le mauvais emploi qui en ont été fait, sera aboli et remplacé par un ordre légionnaire plus en harmonie avec les institutions nouvelles de la France. Ce nouvel ordre, désigné sous le nom de *Légion humanitaire*, sera institué pour mettre en relief, non-seulement les actions d'héroïsme et les talents supérieurs, mais aussi toute œuvre importante qui aura pour but l'amélioration morale et matérielle de l'existence du plus grand nombre. Car, souvent, il est plus difficile et plus méritoire d'accomplir, modestement et sans éclat, des œuvres qui exigent un labeur patient, et une constance dans le bien toujours la même, qu'un grand acte de courage, dont le principal mérite est quelque fois dans le seul fait d'avoir saisi à point l'occasion qui s'est présentée pour l'exécuter.

En général, l'homme juste, qui a le cœur droit, fait le bien pour lui-même, et trouve sa meilleure récompense dans la seule satisfaction de l'avoir accompli. Mais la plupart des hommes sont encore comme des enfants, et il y a des esprits faibles et des caractères légers, qui ont besoin d'une émulation extérieure pour déterminer leurs bonnes actions et fortifier leur courage. C'est pour ceux-là, principalement, que la Légion humanitaire sera instituée.

L'insigne de cette Légion reproduira exactement celui de l'étendard de la paix, c'est-à-dire qu'il sera formé d'un soleil avec son cercle d'étoiles et sa croix, à laquelle le ruban sera attaché. Pour les actes se rapportant aux choses de la guerre, ce ruban sera rouge avec un petit liseré bleu, et pour ceux de la paix il sera bleu avec un petit liseré rouge. Mais, s'il est juste de faire honneur à un citoyen pour ses belles actions, il ne faut pas que cette glorification s'étende au-delà des convenances sociales, en créant à l'état permanent une classe de décorés et de privilégiés au sein de la Nation. Voilà pourquoi le port de la nouvelle décoration ne sera autorisé qu'aux cérémonies officielles et les jours de fêtes nationales.

Ainsi, l'élément civil et l'élément militaire se trouveront désormais confondus dans un même intérêt et marcheront ensemble dans un même esprit, sous l'étendard de la guerre comme sous l'étendard de la paix, suivant le cours des événements.

Réorganisation politique de la province, des chefs-lieux et de la capitale

Mais il y a encore une autre cause fondamentale de division qu'il importe également de faire disparaître. C'est l'antagonisme qui a été suscité artificieusement entre les villes et les campagnes, pour entraver l'exercice du suffrage universel et en vicier l'expression, selon la formule de tous les despotismes : Diviser pour régner. Or, comme l'intelligence est plus développée dans les villes et plus particulièrement dans la capitale, et que d'autre part l'ignorance est plus répandue dans la province et surtout dans les campagnes, où la population dans son ensemble est aussi plus nombreuse, il arrive cette chose monstrueuse et contre nature : c'est que la Nation est comme un homme qui aurait la tête en bas, les pieds en haut ; c'est l'ignorance qui gouverne l'intelligence, le corps qui conduit la tête, et, ne pouvant pas la diriger, il l'écrase stupidement sous la lourdeur de sa masse inconsciente, sans même se douter de son crime, de son propre suicide.

Pour remettre les choses dans leur état naturel et détruire cet antagonisme anti-national, qu'une tyrannie ombrageuse, ennemie de la lumière et de la vérité, a seule pu faire naître pour combattre l'élément éclairé de la Nation, il faut annuler toutes les circonscriptions départementales existantes et, à leur place, créer de nouveaux centres provinciaux d'une superficie territoriale plus étendue et plus en harmonie avec le nouvel ordre de choses. En même temps, il faut modifier les circonscriptions urbaines des nouveaux chefs-lieux et celles de la capitale, de manière à ce que chaque commune soit représentée dans son chef-lieu immédiat, et chaque chef-lieu dans la capitale par une colonie et un quartier. Par cette nouvelle organisation, les chefs-lieux, différant en cela des autres villes, seront comme le résumé des communes de leur circonscription territoriale, tandis que la capitale sera elle-même comme un résumé de tous les chefs-lieux du territoire, c'est-à-dire qu'elle sera exactement, à l'égard de la province, ce que la tête est au reste du corps.

Et tous les organes administratifs étant rétablis dans leur état normal, tous les intérêts se trouveront solidarisés comme dans les divers organes de l'être humain. Et alors, la vie et le mouvement circuleront avec une entière liberté dans tous les organes sociaux, sans trouble ni perturbation, parce qu'il y aura unité parfaite dans tous les éléments constitutifs de l'être national. C'est ainsi que toute cause de division et d'antagonisme disparaîtra du sein des populations et que tout malentendu deviendra impossible entre les habitants des villes et ceux des campagnes.

Amnistie générale

Enfin, pour compléter l'œuvre de réparation dans l'ordre moral, aussi bien que dans l'ordre matériel, l'inauguration du nouvel ordre social doit être accompagné et sanctifié par une amnistie générale qui rapatriera tous les déportés, libérera tous les prisonniers et videra tous les établissements pénitenciers ou disciplinaires sans aucune exception, comme si les condamnés avaient tous fini leur peine le même jour.

Ceux qui pourraient être désagréablement impressionnés par cette libération soudaine et immédiate de tant d'êtres égarés, ayant subi devant les tribunaux la sentence plus ou moins juste, ou plus ou moins sévère, de leur condamnation, n'auront qu'à mettre dans leur esprit cette pensée et même cette conviction que, dans la société où ils vont et viennent librement, ils sont souvent exposés à se trouver face à face, et quelquefois la main dans la main, avec des individus cent fois plus coupables et plus criminels que ceux dont ils peuvent craindre la réapparition, même à distance. Les uns, parce que, étant plus adroits, ont su détourner d'eux toute poursuite et toute investigation, et d'autres, parce que, étant plus riches ou puissants, ils ont pu se soustraire à la vindicte des lois ou s'abriter derrière une apparence d'honorabilité, que les magistrats n'osent dévoiler et sonder, s'ils n'y sont contraints par la rumeur publique.

A l'avenir, pour protéger la société et empêcher le mal de se développer, des colonies disciplinaires de réhabilitation, remplaceront, avec avantage et profit, les maisons de détention et toutes les prisons d'Etat. L'échelle de culpabilité sera réduite à trois chefs ou trois degrés principaux, correspondant à trois genres de colonies disciplinaires, et les graduations intermédiaires de chacun de ces trois chefs de condamnation, s'établiront dans la colonie même du degré principal dont elles feront partie.

Les condamnés recevront l'instruction qui leur est nécessaire, et le travail sera distribué, autant que possible, à chacun selon ses forces physiques et ses capacités. Ils seront libres et n'auront qu'à se conformer au règlement et au régime de leur colonie. Ceux qui s'évaderont et qui seront repris seront, par le seul fait de leur évasion, incorporés dans le degré de culpabilité immédiatement supérieur à celui où ils étaient au moment de leur fuite. Si le repris appartient à la colonie du troisième degré, qui est le plus élevé, la première fois qu'il se sera enfui, le temps de sa condamnation sera augmenté de moitié ; la seconde fois il sera doublé, et à la troisième, il sera séquestré.

C'est le seul cas où la séquestration sera appliquée, et encore cette peine ressortira plutôt du règlement de la colonie que du code pénal. Le cachot, la chaîne et toutes les peines corporelles seront définitivement abolis ; car le coupable ne peut se réhabiliter effectivement que par le travail, l'instruction et une liberté au moins relative, mais non par des corrections qui humilient et dégradent celui qui les reçoit aussi bien que celui qui les inflige, sans faire estimer celui qui les ordonne. Les peines infamantes, d'ailleurs, ne font qu'aigrir les caractères sans améliorer les sentiments, et tendent plutôt à aggraver le mal qu'à le guérir.

Ceux des condamnés, qui auront fini leur temps dans les colonies de réhabilitation, et qui n'auront pas aggravé leur inconduite par de nouveaux méfaits, pourront obtenir, en sortant, s'ils le désirent, un nouvel état civil, un changement de nom, et recevoir enfin un nouveau baptême dans toutes les formes voulues, comme s'ils faisaient leur entrée dans le monde et dans la société pour la première fois.

C'est ainsi que le coupable ou le criminel pourra se croire véritablement un être nouveau et régénéré, et que sa réhabilitation sera complète.

Administrations primaires des Municipalités

Afin que tous les besoins publics puissent être suffisamment connus et appréciés des administrations municipales, à Paris et dans toutes les villes un peu importantes, les arrondissements et les quartiers urbains seront subdivisés en groupes de cinq cents à mille habitants, au plus, lesquels, sous la dénomination générique de *Cités*, formeront les administrations primaires des municipalités. Chacun de ces groupes urbains, constituant une Cité, aura donc un centre d'administration locale, qui pourra connaître parfaitement les besoins de chaque famille et de chaque habitant de sa circonscription. Ce sera la mise en pratique de la décentralisation administrative, dans ses éléments fondamentaux les plus essentiels, et un grand allégement de l'administration supérieure qui, alors, pourra suffire aisément à tous les besoins particuliers de ses administrés sans négliger aucun intérêt général.

Les communes, secondées par l'armée des travaux publics, créeront des industries et organiseront des ateliers de production, en nombre suffisant, pour donner du travail à tous leurs membres valides. D'autre part, les malades et les infirmes seront soignés avec affection et intelligence, autant que possible dans leur propre demeure, et on ne laissera manquer de rien les vieillards et les enfants, les considérant tous comme membres d'une même famille.

En même temps, on étudiera les conditions les plus favorables au travail pour lui ôter ce qu'il peut avoir de répugnant et le rendre accessible à toutes les classes de la société. En général, tout travail doit être rétribué en raison de sa nécessité, de ses dangers ou de sa difficulté, aussi bien que de sa supériorité, de son agrément ou de son utilité, mais, dans tous les cas, la rémunération du labeur ou de la fonction la plus faiblement rétribuée, doit toujours être suffisante pour donner au moins le nécessaire à celui qui l'accomplit.

La Santé générale

La Santé des travailleurs étant une des conditions les plus essentielles au développement de la prospérité publique, il est néceesaire que dès le principe toutes les habitations insalubres, encore existantes, soient assainies dans le plus bref délai, ou démolies si elles sont jugées inhabitables. Si le nombre en est insuffisant, les municipalités en feront construire de nouvelles en matériaux légers, facilement exécutables, joignant à un confort modeste l'économie et la salubrité. Car il importe à l'intérêt général que tous les administrés, sans en excepter les plus pauvres, puissent avoir le plus tôt possible le nécessaire de l'existence, moralement et matériellement.

Mais, ce qui importe le plus à la santé générale, à celle du corps autant qu'à celle de l'esprit, et, ce qui est surtout indispensable à la régénération du peuple, c'est de réduire au plus tôt dans des limites inoffensives, sinon prohiber entièrement, la consommation immodérée des liqueurs alcooliques et l'usage funeste du tabac, comme étant une des causes principales de l'altération de l'esprit public et de l'affaiblissement des facultés viriles de l'homme et du citoyen. Car, c'est en s'abstenant des choses nuisibles et en évitant tous les excès en général, qu'on parviendra bientôt à rallumer le feu sacré des grandes actions et des grandes choses, et à doubler en peu de temps toutes les forces morales et physiques de la Nation.

Sans cela, la France, perdant toute initiative dans les grandes aspirations de l'esprit humain par l'abaissemeet progressif des intelligences, marcherait insensiblement et sans même en avoir conscience, à une décadence irrémédiable et finirait par tomber dans une servitude honteuse, au milieu de l'indifférence et de l'ébêtement. Et ce peuple français, autrefois si chevaleresque, si généreux et si plein d'enthousiasme pour les grandes initiatives de l'esprit, deviendrait semblable aux peuples déchus, ne pourrait plus élever son intelligence au-dessus des bas intérêts de la vie, et comme les Chinois, les Turcs ou les Prussiens, n'aurait d'énergie et de courage que pour tuer et détruire.

Et on serait alors, sans espoir de réveil, dans cette situation lamentable qui vient déjà de se manifester de nos jours, où la masse de la Nation, perdant tout sentiment d'honneur et de dignité de soi-même, voit, sans bondir d'indignation et de colère, à la merci d'une oppression haineuse et caduque, les quelques milliers de citoyens qui ont osé faire des efforts surhumains pour surmonter le flot de la corruption générale et sauver l'honneur de la Patrie.

. . . .

. . . .

. . . .

. . . .

. . . .

Et, pour combler la mesure de cette dégradation humaine, au-dessus de ces monstrueuses iniquités plane servilement tout une presse indigne, arrivée au dernier degré de la corruption et de la honte, qui applaudit scandaleusement. . . . .

. . . .

. . . .

Voilà ce que la déviation de l'esprit public et l'abaissement du sens moral, engendrés par des excès de tout genre, sous l'influence d'un despotisme odieux, ont déjà produit au sein des populations. Mais que chacun, ceux au moins qui veulent être véritablement républicains, prennent dès ce jour la ferme résolution de modifier leurs habitudes, en domptant leurs faiblesses individuelles et leurs mauvaises inclinations, et surtout leur coupable indifférence dans la gestion des intérêts publics ; que les municipalités, de leur côté, veillent avec sollicitude sur les matières nuisibles employées dans l'industrie, qu'elles complètent l'assainissement général, en prévenant ou réprimant avec efficacité toutes les falsifications alimentaires, source de nombreuses maladies, et la grande œuvre de régénération, marchant à pas de géant, atteindra bientôt les plus heureux résultats.

Et alors, la noble et vigoureuse race, qui a fécondé de son sang et de ses sueurs ce beau pays de France, détournée un moment de sa voie providentielle par un gouvernement d'hypocrisie, de corruption et de mensonge, redeviendra bientôt ce qu'elle a été dès son origine gauloise, la plus intelligente, la plus chevaleresque et la plus belle race du globe, prête à poursuivre et à réaliser la grande mission évangélique et civilisatrice, qui lui a été dévolue dans le monde à l'égard des peuples et de l'humanité.

Intégrité du suffrage universel

Le suffrage universel, étant l'expression la plus élevée de la souveraineté nationale, a été aussi l'objet d'une corruption plus grande et plus étendue. C'est surtout à son égard que les autorités administratives de tous les degrés ont exercé leurs plus funestes influences, pour en empêcher les manifestations , en altérer le principe , le tromper ou en dénaturer la signification. Voilà pourquoi, la France, malgré l'apparence d'une plus grande liberté dans le choix des hommes qu'elle met à la tête de son gouvernement, n'a jamais pu avoir une administration conforme à son esprit ni à ses véritables intérêts. En sorte, qu'au lieu d'être gouvernée par de vrais citoyens, comprenant ses vœux et ses besoins, elle semble plutôt être gouvernée par des étrangers, n'ayant rien de commun avec ses propres aspirations, et dans lesquels elle ne se reconnait point. Ce qui fait qu'entre ces deux éléments si opposés il y a une lutte perpétuelle, nuisible à l'intérêt général autant qu'aux intérêts particuliers, qui trouble incessamment l'activité sociale et entrave toutes choses.

Pour que le suffrage universel soit véritablement l'expression de la volonté nationale, et que la France ait réellement sa tête à elle et non celle d'un autre, c'est-à-dire une administration gouvernementale qui représente fidèlement les intérêts de tous les citoyens, au lieu de ne représenter que les intérêts de quelques intrigants audacieux, il ne faut pas qu'un pouvoir, quel qu'il soit, puisse jamais interposer sa propre volonté pour aliéner, entraver ou suspendre, même pour un jour, la manifestation régulière et pacifique des vœux et de la volonté des électeurs. Car, dès l'instant où le suffrage est lié, la Nation n'est plus libre et elle ne s'appartient plus, mais elle appartient à une volonté qui n'est pas la sienne. Elle a un maître et elle est esclave.

Il est donc nécessaire d'établir en principe et en réalité l'inviolabilité absolue de la souveraineté nationale, en laissant aux citoyens la liberté pleine et entière d'exprimer en tout temps, sous la protection et la sauvegarde des lois, leurs vœux et leurs volontés. C'est seulement à cette condition essentielle que le suffrage universel pourra devenir une vérité et être considéré comme la base sérieuse de toute administration publique. Il faut, en même temps, l'organiser par commune et par circonscription urbaine, pour en simplifier le mécanisme et en régulariser le fonctionnement sans nuire à son intégrité. De plus, afin que le suffrage des électeurs soit l'expression intelligente et éclairée de la volonté nationale, tout citoyen ne sachant ni lire ni écrire doit être exclu des listes électorales. Les citoyens, dans ce cas, seront considérés comme mineurs en matière politique et incapables, par cette absence des connaissances les plus élémentaires, de participer aux affaires du pays.

Dès lors, le suffrage universel ne sera plus la confusion et le trouble qu'on rencontre généralement dans le mode actuel des élections, où souvent l'électeur ne connaît même pas celui pour qui il donne son vote. Bien plus, quand le candidat est nommé, il se trouve investi d'un droit de souveraineté dont ses électeurs sont non-seulement dessaisis, mais qu'il peut encore exercer à leur propre détriment, sans avoir à leur rendre compte de sa conduite. En sorte qu'au lieu d'un maître, la France en a des centaines, souvent plus tyranniques et plus oublieux de ses intérêts que le souverain le plus absolu.

Voilà pourquoi, dans le nouvel ordre électoral, tous les électeurs auront non-seulement la facilité de connaître parfaitement ceux qu'ils voudront élire, mais, de plus, conservant toujours intacte leur souveraineté, ils pourront au besoin, si la gravité l'exige, révoquer l'élection d'un mandataire infidèle avant l'expiration de son mandat. De cette manière, le mandat impératif et le serment politique deviendront superflus, et les mandants et leurs mandataires ne cesseront point d'être, les uns à l'égard des autres, dans une mutuelle indépendance et une entière liberté d'action.

Refonte des lois anciennes

Enfin, comme couronnement du nouvel édifice social, un code précis et simple comme l'Evangile, rédigé par les membres les plus compétents de la représentation nationale, sera mis à la portée de toutes les intelligences. Et, afin que les citoyens ne soient plus exposés, comme dans le réseau inextricable des lois actuelles, à être souvent trompés dans leur confiance, même en recourant aux lumières des hommes de loi pour s'assurer de leurs droits et de leurs devoirs, toute loi non inscrite dans ce code sera considérée comme n'existant pas.

Conclusion

Et, maintenant, qu'on en soit bien persuadé, quelle que soit la forme de gouvernement qui soit définitivement adoptée, tout ce qui précède est indispensable au salut du pays et à sa prompte régénération. Car cette œuvre immense et réparatrice exigeant le concours dévoué de tous les bras et de toutes les intelligences, il faut que, dès cette heure même et sans aucune distinction, chacun donne tout ce qu'il peut donner et se contente du nécessaire jusqu'à complète libération de la patrie.

Au début du nouvel ordre de choses, pour établir un juste équilibre au milieu de tant d'éléments bouleversés, il faut donc faire, nécessairement, comme si toutes les habitations étaient en ruines, les terres ravagées, les industries anéanties, tous les titres et tous les contrats détruits. Il faut, en un mot, une liquidation générale de tous les intérêts, qu'il n'y ait plus ni dettes publiques ni dettes privées, et que toutes les conventions antérieures soient résiliées pour recommencer toutes choses sur des bases entièrement nouvelles.

Les mariages, même, et tous les contrats matrimoniaux accomplis sous l'ancienne loi, devront être renouvelés ou confirmés par la loi nouvelle, dans un délai déterminé, sous peine de perdre toute sanction légale et d'être considérés comme nuls.

Il faut encore effacer toute distinction de rang et de naissance, abolir tous les priviléges, amnistier tous les coupables et libérer tous les prisonniers, sans aucune exception, afin que désormais tout ferment de haine et de discorde soit banni du sein des familles, et que rien ne vienne troubler la joie d'un peuple ressuscité à la vie glorieuse et prospère des nations régénérées.

Alors ce sera véritablement un jour de grande réconciliation parmi le peuple, un jour d'embrassement général dans toutes les classes de la société ; ce sera, enfin, le jour du grand Jubilé universel de la loi de Moïse appliqué à la Nation française, conformément aux principes éternels de l'Evangile, c'est-à-dire un grand acte de réparation, de fraternité et de patriotisme, qui marquera la limite entre la fin du monde ancien et le commencement du monde nouveau.

Voilà quelles sont les résolutions suprêmes qu'il importe à la France de prendre au plutôt, et que tous ceux qui sont véritablement animés de l'esprit de justice, désirant surtout la prompte-délivrance et la prochaine régénération du pays, doivent réclamer énergiquement, sans se rebuter des obstacles, sous peine de voir, dans un avenir peu éloigné, la Patrie s'effondrer dans l'abîme où demeurent ensevelies les Nations qui ne sont plus.

Paris, 30 septembre 1871.

Paris. — Imprimerie nouvelle, 14, rue des Jeûneurs. — G. Masquin et Ce.

PARIS. — IMPRIMERIE NOUVELLE, 14, RUE DES JEUNEURS

G. Masquin et Cᵉ.